ADRIEL
AU COEUR DE L' ÎLE SECRÈTE

ISBN 978-2-9819566-3-7
« Loi n°49-956 du 16 juillet 1949 sur les publications destinées à la jeunesse »
Juillet 2023

« Dans un monde où l'union se fait rare,
je ne vois rien de mal à vouloir recoller
un peu les morceaux, un enfant à la fois. »

I.D

Pendant très longtemps, la terre était vide et éteinte.

Puis un beau jour, elle s'alluma et scintillait d'amour car les princes et princesses du ciel habitaient sur la terre. Adriel en faisait partie, tout comme toi.

Il était un petit garçon rêveur et curieux qui aimait toujours tout comprendre. De nature timide, il n'avait pourtant pas de mal à jouer les héros devant sa petite sœur Ava.
Depuis qu'il avait découvert la plus belle histoire du monde, il aimait la lui raconter avec beaucoup d'enthousiasme.

Tous les deux voulaient être gentils et donner de l'amour comme dans l'histoire. C'était la mission qu'avait donné le Prince aux petits êtres de lumière en leur disant :

- « Vous avez été créés pour aimer les autres, les aider à devenir comme vous et faire le bien. Vous êtes la lumière de ce monde. Allez maintenant et brillez. »

Cela dit, Adriel s'était vite aperçu qu'il n'était pas toujours facile d'être gentil avec tout le monde. Sans oublier que l'ami méchant, en plus d'être effrayant, continuait de répandre l'obscurité sur la terre.
Il y avait toujours des méchants copains à l'école ; certains continuaient de se battre et d'autres faisaient encore beaucoup de mal.

Un jour, en rentrant de l'école, Adriel était très triste car quelques amis avaient refusé de jouer avec lui alors qu'il essayait d'être gentil. De plus, ils s'étaient moqués de lui en le repoussant devant toute la classe.

Sa maman avait pourtant essayé de le consoler en lui disant :

- *« Tu sais, l'amour est un cadeau que tu donnes. Parfois, ils n'en voudront pas mais ça ne veut pas dire qu'ils n'en ont pas besoin ou que tu n'es pas important. »*

Malheureusement, ses mots n'avaient pas suffi à apaiser la peine d'Adriel. Tout ce qu'il voulait, c'était faire le bien et donner de l'amour comme le Prince. Mais voilà qu'il était confronté à la méchanceté des autres. Il avait le cœur en miettes et n'était plus très enthousiaste à l'idée de donner de l'amour à nouveau. Pas facile d'être un vrai héros.

Au moment du coucher, il souhaitait fort dans son cœur que le Prince revienne.

– *« Lui au moins il est fort, pas moi »*, pensait Adriel.

Il s'endormit sur cette pensée, espérant que son souhait pourrait se réaliser. Dans tous les cas, il était décidé à rester désormais à l'écart des autres, comme à son habitude.

Plus tard dans la nuit, une petite brise douce et légère
quitta le ciel étoilé et entra par la fenêtre de sa chambre.
Alors qu'il dormait paisiblement, une lumière scintillante,
traversa toute la pièce à la vitesse d'un éclair. Qu'était-ce donc ?

Tout à coup, un énorme bruit réveilla Adriel qui découvrit
un petit être de lumière brillant comme les étoiles,
avec de grandes ailes identiques à celles des anges.
Celui-ci lui dit alors :

– « Bonjour Adriel, veux-tu faire un tour avec moi ? »

Adriel n'en croyait pas ses yeux ;
il rencontrait pour la première fois un vrai petit être de lumière.
Mais, ce dernier avait l'air plus grand et plus fort que ceux de son livre.
Allait-il pouvoir rencontrer le Prince ?
Nul doute qu'Adriel s'apprêtait à vivre une aventure toute particulière.
Tu veux la découvrir ? Il te faut y croire très fort.

Ferme les yeux, écoute ton cœur et tourne la page.

C'est dans un tout autre monde qu'Adriel se retrouva sans réellement savoir comment il y était arrivé. Cet endroit ressemblait à un petit coin de paradis. Il y avait des animaux de toutes sortes, des arbres aux couleurs de l'arc-en-ciel et surtout de nombreux petits êtres de lumière.

Certains s'amusaient entre eux ou apprenaient à être gentils, tandis que d'autres dansaient sur un air de musique. Tout était beau et paisible ; tous semblaient heureux.

– « *Bienvenue sur l'île des petits êtres de lumière.
C'est une île secrète cachée au cœur de la terre.
C'est ici que nous apprenons tous ensemble
à ressembler au Prince pour faire le bien.
Lorsque nous sommes prêts,
nous venons aider un ami comme toi* »,
déclara alors le petit être qui l'accompagnait.

En effet, les petits êtres avaient pour rôle spécial d'aider
chaque petit enfant comme Adriel à agir comme les princes
et princesses qu'ils étaient.
Celui qui accompagnait Adriel s'appelait Gaby,
ce qui signifie héros du Roi.

Après ces mots, Adriel se souvint alors de ce qui s'était passé à l'école plus tôt dans la journée. Avec une mine triste, il raconta tout à Gaby en ajoutant qu'il ne souhaitait plus être gentil car c'était trop difficile et douloureux. En y repensant, il laissa son cœur se remplir de colère.

Gaby comprit la peine d'Adriel et s'attrista aussi de la situation.
Mais, il décida de lui montrer quelque chose.
Ils traversèrent l'île et se retrouvèrent sur un pont qui menait vers un côté un peu plus sombre de celle-ci.
En s'approchant, Adriel aperçut au loin d'autres petits êtres.
C'était ceux qui avaient décidé de suivre l'ami méchant.

Ils n'avaient plus d'amour dans leur cœur et désiraient uniquement faire du mal aux autres. Mais la vérité était que l'ami méchant avait réussi à voler leur cœur d'amour pendant des moments difficiles.
Ils avaient alors un cœur rempli de déception, de tristesse et de colère.
Ainsi, à cause de tout ça, ils ne parvenaient plus à aimer. Ils étaient en réalité très malheureux parce que la lumière ne brillait plus de leur côté.

Adriel eu de la peine pour eux et comprit alors pourquoi il avait été emmené à cet endroit. Son ami Gaby voulait lui faire comprendre l'importance de sa mission, quand bien même elle n'était pas facile.

Il était la lumière du monde, comme toi et beaucoup d'autres enfants. La lumière est forte et peut parfois s'affaiblir. Mais si elle venait à s'éteindre et que tous décidaient de ne plus donner de l'amour, la terre serait bien triste. Il devait protéger sa lumière du monde extérieur sans toutefois l'éteindre ou l'empêcher de briller.

Son ami Gaby lui remit un pendentif qui représentait la lumière qu'il transportait. Adriel reprit confiance en lui et se sentit tout de suite important, comme un super-héros.
Il avait de la valeur et son pouvoir était l'amour. Il était bien décidé à continuer de répandre la lumière, même sur ceux qui se trouvaient de l'autre côté, tout en protégeant son cœur. Il était prêt à changer le monde.

Il se revit alors devant son miroir, posant une couronne sur sa tête en prenant conscience de qui il était : un prince.

À cet instant, son pendentif se mit à briller.

Au même moment, un des petits êtres de lumière revenait main dans la main avec un autre qui semblait être un petit être méchant. Alors qu'ils avançaient, le cœur de ce dernier se remplissait graduellement d'amour.
C'était formidable ! Il redevenait gentil à nouveau, comme par magie.
Gaby lui dit :

- *« Tu vois Adriel, le monde a besoin de toi. Même quand il semble ne pas en vouloir, il a besoin de ton amour. Avec un peu de patience et de foi, tu peux le rendre meilleur. N'oublie pas qu'une seule étincelle peut allumer un grand feu. Et même si le monde veut l'éteindre, rappelle-toi toujours qui tu es et qui marche avec toi. »*

Adriel serra fort son ami en le remerciant du fond du cœur pour son aide.
Il comprenait maintenant les mots de sa maman.

- *« Il est temps que je te ramène chez toi. Es-tu prêt ? »*, ajouta Gaby.

Adriel répondit par un hochement de la tête. Il était prêt.

Sur le chemin du retour, une grande fête prenait place en l'honneur du petit être qui avait été ramené. Pendant ce temps, le chef des méchants ruminait de colère ; il en avait perdu un.
Adriel se contentait d'observer les danses et les chants de ceux qui étaient la lumière.
Il était fier d'être comme eux, héros de l'amour.

De retour dans sa chambre, à son réveil,
Adriel n'était plus le même petit garçon.
Il avait beaucoup appris sur l'île des petits êtres.
Il bondit hors de son lit et courut raconter
à Ava ce qu'il venait de vivre.

– *« Dommage qu'elle n'y était pas pour voir ça »*,
pensait-il.

Il s'apprêtait à tout lui raconter
quand celle-ci lui dit haut et fort :

– « J'ai vu le Prince ! »

Ah ! Était-ce au tour d'Ava de nous raconter son histoire ?
Tu le découvriras peut-être bientôt.

Plus tard dans la journée, après l'école, Adriel était très fier de lui.
Quand Maman lui demanda comment s'était passée sa journée, il répondit :

– « J'ai agi comme un Prince. »

Adriel souriait, ravi d'avoir fait ce qui était juste.
Et quelque part là-haut dans le ciel, quelqu'un était très fier de lui.

Remerciements

À celui qui inspire toute chose,
À mes proches,
Aux contributeurs de ce projet,

Un énorme merci à vous qui avez été la graine d'un si bel arbre. C'est grâce à vous qu'il existe. Merci.

Dépôt légal : Juillet 2023

Révision et correction Manuella DUA,
Conception couverture Pauline KERANDEL,
édité par Izhola DJEMBO, Montreal, Canada

© 2023 Izhola DJEMBO

Tous droits de reproduction, par quelque procédé que ce soit, d'adaptation ou de traduction, réservés pour tous pays. « Le Code de la propriété intellectuelle et artistique n'autorisant, aux termes des alinéas 2 et 3 de l'article L.122-5, d'une part, que les « copies ou reproductions strictement réservées à l'usage privé du copiste et non destinées à une utilisation collective » et, d'autre part, que les analyses et les courtes citations dans un but d'exemple et d'illustration, « toute représentation ou reproduction intégrale, ou partielle, faite sans le consentement de l'auteur ou de ses ayants droit ou ayants cause, est illicite » (alinéa 1er de l'article L. 122-4). Cette représentation ou reproduction, par quelque procédé que ce soit, constituerait donc une contrefaçon sanctionnée par les articles 425 et suivants du Code pénal. »

Printed in France by Amazon
Brétigny-sur-Orge, FR